365 LOS CHISTES PREFERIDOS DE JAIMITO

Papel certificado por el Forest Stewardship Council®

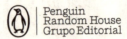

Primera edición: junio de 2024

© 2024, Tatio Viana, por el texto y las ilustraciones
www.tormentalibros.com
Representado por Tormenta
© 2024, Penguin Random House Grupo Editorial, S. A. U.
Travessera de Gràcia, 47-49. 08021 Barcelona
Diseño de interior: Tormenta

Penguin Random House Grupo Editorial apoya la protección del *copyright*.
El *copyright* estimula la creatividad, defiende la diversidad en el ámbito de las ideas y el conocimiento, promueve la libre expresión y favorece una cultura viva. Gracias por comprar una edición autorizada de este libro y por respetar las leyes del *copyright* al no reproducir, escanear ni distribuir ninguna parte de esta obra por ningún medio sin permiso. Al hacerlo está respaldando a los autores y permitiendo que PRHGE continúe publicando libros para todos los lectores. Diríjase a CEDRO (Centro Español de Derechos Reprográficos, http://www.cedro.org) si necesita fotocopiar o escanear algún fragmento de esta obra.

Printed in Spain – Impreso en España

ISBN: 978-84-272-4166-4
Depósito legal: B-7.092-2024

Compuesto en Tormenta
Impreso en Rodesa
Villatuerta (Navarra)

MO 41664

LOS 365 CHISTES PREFERIDOS DE JAIMITO

MOLINO

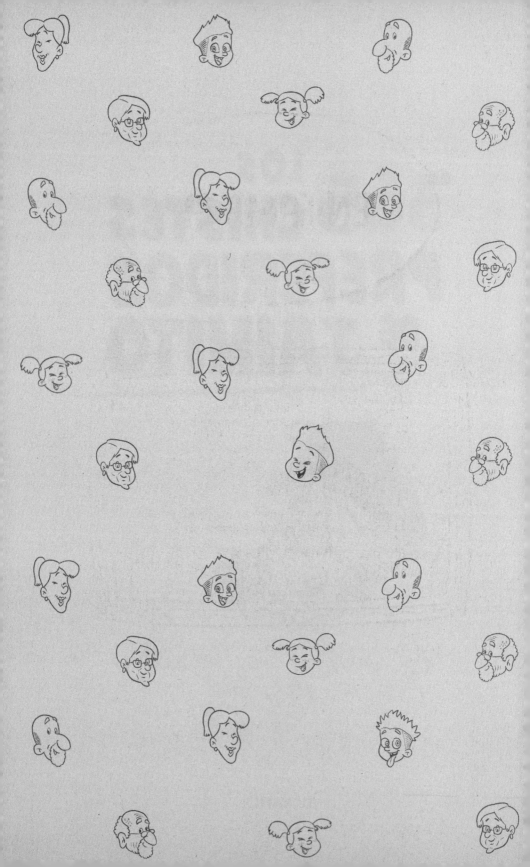

◈ 1 ◈

—Jaimito, tráeme al bebé.
—Espera a que llore.
—A que llore, ¿por qué?
—Porque no sé dónde lo he dejado.

◈ 2 ◈

Jaimito vuelve a casa y le enseña a su madre 100 euros que se ha encontrado:
 —¿Estás seguro de que nadie los ha perdido?
 —¡Seguro, mamá! ¡Incluso he visto al señor que los estaba buscando!

◈ 3 ◈

—Ay, Jaimito, se me está cayendo el pelo.
—Pues no te acerques a la sopa, papá.

◈ 4 ◈

La hermanita de Jaimito le comenta:
 —Hoy en clase nos han dicho que busquemos el mínimo común múltiplo.
 Y Jaimito le responde:
 —¿Todavía no lo han encontrado? Cuando yo iba a tu curso, ya lo andaban buscando…

5

—Jaimito, ¿de qué signo son tus padres?

—Pues deben de ser de exclamación, porque se pasan todo el día gritándome.

6

Jaimito está hablando con su padre.
—Papá, es injusto. A mi edad, tú ya eras hijo de un ingeniero.

◆ 8 ◆

—Jaimito, me voy a por pan. Estate atento a cuando hierva la leche.

Al volver, el padre se encuentra la cocina llena de leche.

—¿No te he dicho que te fijaras cuando hirviera la leche?

—¡Y eso he hecho! Ha hervido exactamente a las 12.33.

◆ 9 ◆

—Mamá, papá, ¿cómo se escribe «campana»?
—Como suena, Jaimito.
—Entonces ¿escribo «tolón tolón»?

◆ 10 ◆

El padre de Jaimito le pregunta:
—¿Por qué pones manzanas en la ventana?
—Porque hace un frío que pela.

◆ 11 ◆

—Jaimito, ve a ducharte, por si luego viene tu abuela.
—Pero, papá, y si luego no viene, ¿qué?

◆ 12 ◆

—Mira al cielo, Jaimito, la luna está llena.
—¿De qué?

◆ 13 ◆

—Papá, ¿cómo se dice «edificio» en catalán?
—«Edifici».
—¡Ya sé que es difícil, por eso lo pregunto!

◆ 14 ◆

—¡Mamá, quiero un móvil!
—¿Y eso, Jaimito?
—Todos mis amigos tienen uno…
—Y, si todos tus amigos se tiraran a un pozo, ¿te tirarías tú también?
—No, claro, en ese caso, me quedaría con sus móviles.

◆ 15 ◆

Jaimito charla con un amigo:
—Hoy he soñado que ganaba doscientos millones, como mi padre.
—¿Tu padre ganó doscientos millones?
—Qué va, también lo sueña.

◆ 16 ◆

—Papá, mamá, ¿puedo usar el robot de cocina?
—¡No sin nuestra supervisión, Jaimito!
—¡¡¡Uy, perdón por no tener superpoderes como vosotros!!!

◆ 17 ◆

Jaimito, ¿qué hora es?

La una, abuelito.

¿Seguro?

Pues claro, la he oído seis veces.

◆ 18 ◆

Mamá, ¿por qué se llama «cómoda» a la cómoda cuando la que es cómoda es la cama?

◆ 19 ◆

—Mamá, ¿me puedes dar dos euros para un pobre hombre que está gritando en la calle?
—Toma. Tienes un gran corazón, cariño. ¿Y qué gritaba el hombre?
—¡HELADOS A DOS EUROS, HELADOS A DOS EUROS!

◈ 20 ◈

—Jaimito, a ver si empiezas a portarte bien, porque, cada vez que te portas mal, me sale una cana...
—Jo, papá, pues tú de pequeño debías de ser tremendo, porque mira cómo tiene el pelo la abuela.

◈ 21 ◈

La hermana de Jaimito tiene dudas haciendo los deberes, y le pregunta:
—Jaimito, ¿dónde está la India?
Y él le responde:
—Anda, ve y pregúntale a papá, que es el que lo guarda todo.

◈ 22 ◈

En el coche:
—Jaimito, dime si funcionan los intermitentes.
—Ahora sí, ahora no, ahora sí, ahora no...

◈ 23 ◈

—Papá, oye, ¿«tonto» se acentúa?
—Con los años, Jaimito, con los años...

◆ 24 ◆

Los amigos de Jaimito le preguntan:
—Jaimito, ¿tú rezas antes de comer?
—No, no es necesario, mis padres cocinan muy bien.

◆ 25 ◆

La madre de Jaimito comenta durante la cena:
—Hay que ver la fortuna que hizo Henry Ford con los coches.
Y salta Jaimito:
—¡Y su hermano Roque con los quesos!

◆ 26 ◆

Jaimito está en su casa y llaman al timbre. Cuando responde al telefonillo, un hombre le dice:
—¡Hola! ¿Puedes decirles a tus padres si me pueden dar algo de comer, que llevo varios días sin probar bocado?
Y Jaimito le responde:
—Mmm, ¿a usted le gusta el pescado frito del día anterior?
—Sí, me encanta.
—Pues venga mañana, que mi padre está friéndolo justo ahora.

◈ 28 ◈

—Papá, cuando sea mayor, quiero ser como tú.
—¿Y eso, Jaimito?
—Para tener un hijo como yo.

◈ 29 ◈

Jaimito está en su casa y suena el telefonillo.

Hay nieve en Saint Denis.

El espía vive en el 4º izquierda, señor.

◆ 30 ◆

—Jaimito, ¿qué hora es?
—Las cuatro de la tarde, mamá.
—¡Ahí va, qué tarde!
—¡Pues haberme preguntado antes!

◆ 31 ◆

—Papá, ¿qué es un mercenario?
—Un mercenario es aquel que lucha contra otros por dinero.
—¡Aaah, un abogado!

◆ 32 ◆

—Jaimito, estás mejorando: hoy solo has estado media hora hablando por teléfono. Por cierto, ¿quién era?
—Se habían equivocado, mamá.

◆ 33 ◆

Jaimito y su padre se encuentran con un amigo del padre. El amigo les presenta a su hija:
—Esta es mi hija, la menor.
Y Jaimito, señalando a su padre, se presenta:
—Yo soy su hijo, fa sostenido.

◆ 34 ◆

—Jaimito, ¿cómo es que hoy has llegado tan pronto del colegio?

—Es que he sido el único que ha sabido responder a la pregunta del profesor, mamá.

—¡Muy bien, Jaimito, qué alegría! ¿Y cuál era la pregunta?

—¿Quién ha escondido el cuaderno de vuestro compañero Lucas?

◆ 35 ◆

—Mamá, no queda de mi champú, y el tuyo no puedo usarlo.

—¿Y eso por qué?

—Porque pone que es para cabello seco y yo ya lo tengo mojado.

◆ 36 ◆

Jaimito está ayudando a su hermana con Geografía. Ella le pregunta:

—Jaimito, ¿qué es un marsupial?

—¿Te suena Australia?

—Sí, donde viven los canguros.

—Exacto, hermanita. Pues el mar que baña Australia es el mar Supial.

◈ 37 ◈

—Jaimito, ¿para qué metes el periódico en la nevera?

—¡Para tener noticias frescas!

◈ 38 ◈

—Papá, mamá, tengo que hacer una redacción sobre el día que nací. ¿Qué día fue?
—El 15 de septiembre, Jaimito.
—¡Anda, qué coincidencia, el mismo día que mi cumpleaños!

◈ 40 ◈

—Jaimito, ¿tienes wifi?
—Sí.
—¿Y cuál es la clave?
—Que mis padres me la paguen…

◈ 41 ◈

—Mamá, papá, tomad las notas.
—¿¡Qué!? Son unas notas malísimas, Jaimito. Merecen un castigo.
—¿A que sí? Entonces ¿vamos mañana a castigar a la profesora?

◈ 42 ◈

Jaimito está aburrido de que su madre se pase todo el día lavándole las manos y la cara. Ya no puede más.

Un día, su madre y él se encuentran en el parque con una amiga de la familia a la que hace tiempo que no ven.

Y la amiga le dice a Jaimito:
—¡Caramba, Jaimito, cómo has crecido!
—¡Pues, claro! Mi madre se pasa todo el día regándome…

◈ 43 ◈

Jaimito está en casa con sus padres y su abuela, y esta comenta:

—Uy, este filete tiene muchos nervios.

Y Jaimito se adelanta a su madre:

—Claro, abuelita, es que es la primera vez que está en un plato y se lo van a comer.

◈ 44 ◈

—Mamá, papá, ¿cuándo me vais a llevar al circo?

—Nunca, Jaimito, ¡quien quiera verte que venga a casa!

◈ 45 ◈

—Mamá, papá, ¿mi colegio es religioso?

—No, cariño, ¿por qué lo preguntas?

—Porque, cuando ven mis exámenes, mis profesores siempre dicen: «¡Ay, dios mío!» o «¡Virgen santa!».

◈ 46 ◈

—Mamá, yo, por ti, bajaría la luna.

—Puedes empezar bajando la basura.

—Bueno, a ver, tampoco hace falta ponerse así...

◆ 47 ◆

—Papá, hoy me he levantado con muchas ganas de ir al cole.

—¡Qué maravilla! ¿Y qué vas a hacer ahora?

—Acostarme otra vez, a ver si se me quitan las ganas.

◆ 48 ◆

—¿Adónde vas, Jaimito?
—Voy a regar el jardín, mamá.
—¡Pero si está lloviendo!
—No te preocupes, llevo paraguas.

◈ 50 ◈

—Jaimito, ¿tu padre cómo se gana la vida?
—Uy, ¡ganar, dice! Mi padre como mucho la empata...

◈ 51 ◈

—Jaimito, ¿otro suspenso en Inglés? Vas a tener que estudiar más...
—Claro, mamá, pero es que ahora tengo hambre.
—Dímelo en inglés, venga.
—*I am*... bre.

◈ 52 ◈

Jaimito y su madre se encuentran por la calle con una amiga de ella, que les dice:
—Le he puesto gafas al niño.
Y dice Jaimito:
—Pues qué nombre más feo, ¿no?

◈ 53 ◈

—¿Ves, Jaimito? Si te acercas la caracola al oído, escucharás el mar.
—Y, si me acerco esta piedra, ¿escucharé la montaña?

◆ 54 ◆

—Jaimito, ¿qué tal tus notas?
—Como la cebolla. Es verlas y mis padres no paran de llorar.

◆ 55 ◆

Jaimito está cenando con sus padres, y su madre comenta:
—Pues mi amiga Dorita va a tener otro hijo. Será el cuarto...
—Será chino —dice Jaimito.
—¿Y eso por qué lo dices?
—Porque uno de cada cuatro niños que nacen en el mundo es chino.

◆ 56 ◆

—Papis, ¿sabéis escribir en la oscuridad?
—Sí, ¿por qué?
—Para que firméis mis notas...

◆ 57 ◆

—Jaimito, ¿sabes que cada cinco minutos atropellan a una persona en esta ciudad?
—¡Pobrecilla! Debe de estar desesperada...

◆ 58 ◆

—Papá, ¿puedo ver la tele?
—Vale, pero no la enciendas.

◆ 59 ◆

Jaimito, ¿por qué has metido el peluche de tu hermana en el congelador?

Porque quería un oso polar.

◈ 60 ◈

—Mamá, la tierra es redonda, pero la llaman «planeta», ¿no?

—Claro, Jaimito.

—¿Y si fuera plana la llamarían «redondeta»?

◈ 61 ◈

—Jaimito, ¿sabes cuál es la diferencia entre un bote de judías y una caja de tornillos?
—No, papá.
—Pues entonces mejor mandaré a tu hermana a la tienda.

◆ 62 ◆

—Jaimito, ¿te has gastado mucho dinero este fin de semana?
—Pues, mamá, entre pitos y flautas, 50 euros.
—¿Y en qué te has gastado 50 euros?
—Pues eso… ¡25 en pitos y 25 en flautas!

◆ 63 ◆

Jaimito está en casa de su tía Julia y le pide:
—¿Me podrías hacer una tortilla, porfa?
—Por supuesto, Jaimito. ¿Tortilla española o tortilla francesa?
—Me da lo mismo; es para comérmela, no para hablar con ella.

◆ 64 ◆

Jaimito le dice a su hermana pequeña:
—Mira, hay tres tipos de personas: las que saben contar y las que no.

◆ 65 ◆

—Jaimito, ¡no puedes pasarte todo el día delante del televisor!
—¡Es que detrás no se ve nada, papá!

◈ 66 ◈

El padre de Jaimito coge el diccionario, lo consulta y lo vuelve a dejar. Entonces, Jaimito le dice:
—¡Papá, así nunca vas a acabar ese libro tan gordo!

◈ 67 ◈

Jaimito le dice a su madre:
—Mamá, me encanta que me envíes mensajes de voz.
—Yo los detesto.
—Sí, esos también me gustan.

◈ 68 ◈

—Papá, el bebé se ha hecho caca.
—Pues cámbialo, Jaimito, por favor.
—¿Y no crees que sus nuevos padres se darán cuenta?

◈ 69 ◈

—¿Qué tal la clase de Educación Física, Jaimito?
—Jo, mamá, menuda paliza nos ha metido el profesor. Me duelen músculos que ni sabía que tenía… Por ejemplo, este, ¿cómo se llama?
—Trapecio.
—¡Y yo a ti también trapecio, mamá! ¡Y mucho!

◆ 71 ◆

La madre de Jaimito pasa por el pasillo y ve a su hijo charlando con su calzado.

—Jaimito, ¿qué haces hablando con una zapatilla?

—Es que aquí pone «Converse».

◆ 72 ◆

Jaimito, me han dicho que en tu casa siempre limpias los platos.

Sí, los platos, el suelo y la terraza.

¿Y tus papás?

¡No, ellos se lavan solos!

◆ 73 ◆

En la parada del autobús, un cartel dice: «Los menores de diez años no pagan». Al verlo, la madre de Jaimito le dice a su hijo:

—Jaimito, cuando subamos al autobús, si te pregunta el conductor, dile que tienes nueve años, ¿vale?

Cuando suben, el conductor le pregunta:

—¿Cuántos años tienes, niño?
—Tengo nueve, señor conductor.
—Oh, genial. ¿Y cuándo cumples los diez?
—¡Cuando baje del autobús!

◆ 74 ◆

—Jaimito, ¿tú no tenías unos pantalones de camuflaje?
—Sí, mamá, pero debían de ser muy buenos, porque hace mucho que no sé dónde están.

◆ 75 ◆

Jaimito charla con su hermana pequeña:
—Jaimito, ¿qué es un voltio?
—Salir a dar un paseo.
—¿Y un vatio?
—Una bebida hecha con leche.

◆ 76 ◆

Jaimito le cuenta a su primo:

—He estado más de diez horas tirado en el sofá.

—¿Acostado?

—No, qué va, ha sido facilísimo.

◆ 77 ◆

Jaimito le dice a su padre:

—Papá, el termómetro ha bajado.

—¿Mucho?

—Pues... unos diez metros, papi, se ha caído por la ventana.

◆ 78 ◆

Jaimito anda muy atareado escribiendo en una hoja de papel. Su madre le pregunta:
—¿Qué escribes, cariño?
—La lista de los regalos que quiero para mi cumpleaños.
—Pero, Jaimito, ¡si todavía queda medio año!
—Por esa razón, ¡para que me dé tiempo a ponerlos todos!

◆ 79 ◆

—Mamá, mamá, ¡he engañado al conductor del autobús!
—¿Cómo? ¿Qué has hecho, Jaimito?
—¡He pagado el billete y no he subido!

◆ 80 ◆

—Papá, ¿yo cómo nací?
—Te trajo la cigüeña.
—Y tú, ¿cómo naciste?
—Mis padres me trajeron de París.
—¿Y la abuelita?
—Ella nació del interior de una col.
—Jo… ¡¿Es que no ha habido un nacimiento normal en esta familia?!

◆ 81 ◆

—Papá, ¿qué llevas en la cesta?
—Jaimito, si lo adivinas, te doy un racimo.
—Hummmm… ¡Croquetas!

◆ 82 ◆

—Jaimito, ¿cuál es tu plato favorito?
—El plato hondo.
—¿Por qué?
—Porque cabe más comida.

◆ 83 ◆

Jaimito está pidiendo una pizza para llevársela a su casa:
—Jaimito, ¿te corto la pizza en cuatro o en ocho trozos?
—En cuatro, no creo que me pueda comer los ocho.

◆ 84 ◆

—Papá, ¿me puedes poner otro terrón de azúcar en la leche?
—Jaimito, ya te he puesto tres.
—¡Ya, pero es que se deshacen!

◈ 85 ◈

—Mamá, ¡qué buena está la paella!
—Pues repite, Jaimito, repite.
—Mamá, ¡qué buena está la paella!

◈ 86 ◈

Mamá, ¿las aceitunas negras suben por las paredes?

No, Jaimito, las aceitunas no tienen patas.

Pues entonces me he comido una cucaracha.

◈ 88 ◈

Jaimito entra en un bar con su padre y pide un vaso de leche y una gamba. Cuando se lo traen, Jaimito pela la gamba, la moja en la leche y se la come.

Su padre, atónito, le dice:

—Jaimito, es la primera vez que te veo hacer algo así.

—Y la última, papá, porque esto está realmente asqueroso.

◈ 89 ◈

Jaimito está en casa de su amigo Juan y este le pregunta:

—Jaimito, ¿tú cuántos yogures te podrías comer en ayunas?

—Dieciocho.

—Pues no, solo te comerías uno, porque el resto ya no te los comes en ayunas. ¡Ja!

Luego, al volver a casa, Jaimito le pregunta a su madre:

—Mamá, ¿tú cuántos yogures te comerías en ayunas?

—cinco o seis.

—Ay, qué pena, porque, si hubieras dicho dieciocho te habría contado un chiste buenísimo.

◆ 90 ◆

—¡Para de comer, Jaimito, que vas a explotar!
—¡Pues tírame otro pastel y ponte a cubierto!

◆ 91 ◆

En el mercado, Jaimito pide una manzana:
—¿Verde o roja?
—Me da lo mismo, la voy a pelar igual.

◆ 92 ◆

—Jaimito, por favor, remueve los espaguetis, que se deben de estar pegando…
—Mejor dejamos que se apañen entre ellos, mamá.

◆ 93 ◆

—Soy un niño saludable.
—Ah, ¿o sea que te gusta comer bien, Jaimito?
—No, es que siempre me quieren saludar.

◆ 94 ◆

—Jaimito, ¿te estás durmiendo? Estás tardando mucho en comerte el yogur…
—Tranquila, mamá, que pone que caduca en 2025.

◈ 95 ◈

—Papá, papá, ¿qué comemos hoy?
—No sé, algo rápido...
—¿Una liebre?

◈ 96 ◈

—Tío, ¿qué les estás echando a las fresas?
—Jaimito, les echo estiércol.
—¿Y no sería mejor ponerles nata, como todo el mundo?

◆ 98 ◆

—Jaimito, estás obsesionado con la comida.
—¿A qué te refieres croquetamente?

◆ 99 ◆

—Jaimito, ¿no te da vergüenza? ¡Te has comido todos los churros y no has pensado en tu hermana!
—¿Cómo que no, mamá? ¡No he parado de pensar en que ella podría llegar a tiempo de comer alguno!

◆ 100 ◆

Jaimito pasa con una amigo por delante del supermercado:
—Espera, Jaimito, que mi madre me ha pedido que compre un par de cocos. Es que me encanta la leche de coco.
—¿Y cómo os las apañáis para ordeñarlos?

◆ 101 ◆

Durante la cena, Jaimito se pone de rodillas sobre la silla para estirarse y coger una croqueta de la fuente, que está al otro lado de la mesa. Su padre lo regaña:
—¿Qué pasa, Jaimito, que no tienes boca?
—Sí, papá, pero llego mejor con la mano.

◆ 102 ◆

Tras el primer día de clase, los padres de Jaimito le preguntan:
—Jaimito, ¿has aprendido mucho hoy en clase?
—Pues parece que no lo suficiente, porque tengo que volver mañana.

◆ 103 ◆

—Jaimito, ¿por qué llegas tarde?
—Por la señal de tráfico que hay en la calle, seño.
—¿Qué señal?
—La que dice: «Escuela cerca, vaya despacio».

◆ 104 ◆

—Profe, tú no me castigarías por algo que no he hecho, ¿verdad?
—Claro que no, Jaimito.
—Estupendo, porque no he hecho los deberes.

◆ 105 ◆

La profesora le pregunta a Jaimito:
—A ver, ¿qué entiendes tú por «persona seria»?
—Pues… aquella que no se ríe porque no ha entendido los chistes.

◆ 107 ◆

En un examen, Jaimito levanta la mano:

—Profe, mi boli no escribe.

—Pues dale aliento.

—Venga, boli, que tú puedes, ¡¡¡vaaamooooosss!!!

◆ 108 ◆

—Jaimito, ¿por qué dejaste el examen en blanco? Las preguntas eran fáciles.
—Las preguntas, sí. Las respuestas, no.

◈ 109 ◈

Jaimito llega tarde al colegio y la profesora le pregunta:

—¿Por qué has llegado tarde?
—Me he quedado dormido soñando con un partido.
—¿Y eso qué tiene que ver?
—Pues que hubo empate, prórroga y, además, penaltis.

◈ 110 ◈

—Jaimito, ¿qué quieres ser de mayor?
—Yo, carnicero.
—¿Y por qué carnicero?
—Porque en el colegio he aprendido a hacer las mejores chuletas del mundo.

◈ 111 ◈

—Profe, ¿por qué me has puesto un cero?
—Porque no acertaste ni una, Jaimito.
—Pero si puse bien mi nombre…

◈ 112 ◈

—Jaimito, ¿cómo imaginas tu colegio ideal?
—Cerrado.

◈ 113 ◈

—Papis, ¡me han dado el premio al alumno más tímido!
—¿Y eso qué es?
—¡Me da vergüenza decirlo!

◈ 114 ◈

La profesora le dice a Jaimito:
—Jaimito, tendrías que haber estado aquí a las ocho de la mañana.
—¡Anda! ¿Y eso? ¿Qué me he perdido, ha pasado algo?

◈ 115 ◈

—Mamá, mamá, ¡he descubierto el lado bueno del colegio!
—¡Ah, sí! ¿Y cuál es, Jaimito?
—El lado de fuera.

◈ 116 ◈

Jaimito entra en clase llorando:
—Seño, viniendo al colegio, ¡me han robado!
—Ay, Jaimito, ¿qué te han robado?
—¡Los deberes, seño!

◆ 118 ◆

Jaimito y su amigo Juan llegan tarde al colegio. Al entrar, les pregunta la profesora:
—Juan, ¿por qué llegas tarde?
—Seño, verás, es que he soñado que viajaba a la Patagonia y, como el viaje es tan largo, me he despertado tarde…
—¿Y tú, Jaimito?
—Yo he ido a recoger a Juan al aeropuerto.

◆ 119 ◆

—Mamá, papá, ¡he sacado un diez en el colegio!
—¿Ah, sí? ¿Y en qué lo has sacado?
—Un tres en Matemáticas, un tres en Lengua y un cuatro en Ciencias Naturales.

◆ 120 ◆

—Jaimito, te noto circunspecto, taciturno, mesurado… ¿Necesitas algo?
—Sí, profe, un diccionario, porfa.

◆ 121 ◆

—Jaimito, ¿te puedo dar un consejo?
—No, gracias, tengo muchísimos y nunca los uso.

◆ 122 ◆

Está Jaimito hablando mucho en clase y el profesor le llama la atención:

—Mira, Jaimito, si no te callas de una vez, voy a llamar a tus padres.

—Como quieras, pero ¡ellos hablan mucho más que yo!

◆ 123 ◆

—Jaimito, ¿por qué estás estudiando con una bolsa de hielo en la cabeza?
—Para tener la mente fresca.

◈ 124 ◈

—Jaimito, has llegado tarde toda la semana. ¿Sabes lo que eso significa?
—Sí, profe, significa que hoy es viernes.

◈ 125 ◈

◈ 126 ◈

La profesora le pregunta a Jaimito:
—Jaimito, ¿me puedes decir por qué eres tan vago?
—¿Ahora, seño?

◈ 127 ◈

—Jaimito, mañana tienes un examen a las nueve de la mañana.
—Pospónlo, profe.
—*Pos* ya lo he puesto, Jaimito.

◈ 128 ◈

Jaimito está con su padre haciendo los deberes de Lengua:
—Papá, ¿qué quiere decir «sintaxis»?
—Pues que tienes que ir en metro o autobús…

◈ 129 ◈

Los padres de Jaimito le dicen:
—¡Hijo mío, nos están saliendo muy caros tus estudios!
Y Jaimito les responde:
—¡Y eso que ni estudio!

◆ 130 ◆

—A ver, Jaimito, en una escala del uno al diez, ¿cómo de despistado eres?
—Sí.

◆ 131 ◆

—Jaimito, ¿a qué aspiras tú?
—Básicamente, a respirar. No consigo mucho, pero me alcanza para vivir.

◆ 132 ◆

—Mamá, papá, tengo una noticia buena y otra mala.
—Dinos la buena, Jaimito.
—¡He aprobado todas las asignaturas!
—¡Genial! ¿Y la mala?
—¡Que es mentira!

◆ 133 ◆

Jaimito le dice a su amigo, al salir de clase de Historia:
—Jo, tuvo que ser genial vivir en la Edad Media.
—¿Y eso por qué?
—¡Porque tenían mil años menos que estudiar!

◆ 134 ◆

En el colegio, Jaimito y sus compañeros tienen que escribir una redacción con el tema «Qué harías si fueras millonario». Pero cuando el profesor se acerca a su pupitre...

—Jaimito, no has hecho nada.

—Es que... ¡eso es lo que haría si fuera millonario!

◆ 135 ◆

—Jaimito, te he dicho mil veces que mientras estudias no puedes coger el móvil.
—Tranquilo, papá, que no estoy estudiando...

◈ 136 ◈

—Resuelve este problema, Jaimito: ¿cómo podemos repartir once naranjas entre dos personas?

—Hummm, ¿haciendo un zumo?

◈ 137 ◈

—Mamá, mamá, hoy casi saco un diez.
—¡Muy bien, Jaimito! Pero... ¿por qué «casi»?
—Porque se lo han puesto al del pupitre de al lado.

◆ 138 ◆

—Jaimito, ¿podemos ir a estudiar a tu casa?
—No te lo recomiendo, Adrián, tenemos la tele estropeada.

◆ 139 ◆

—Jaimito, ¿por qué en verano los días son más largos y en invierno más cortos?
—Porque el calor expande las cosas y el frío las contrae.

◆ 140 ◆

La madre de Jaimito le pregunta qué tal le ha salido el examen oral de Historia:
—Pues creo que el profesor ha quedado muy impresionado.
—¿Ah, sí? ¿Y eso por qué?
—Porque, cada vez que yo respondía, él alzaba las manos y decía: «¡Increíble!».

◆ 141 ◆

—Jaimito, ¡te he dicho mil veces que cuando se estudia no se canta!
—Menos mal, mamá, que yo solo estoy cantando.

◆ 142 ◆

—Papá, mamá, ¡hoy he aprendido a escribir!
—¡Qué bien, Jaimito! ¿Y qué has escrito?
—Ni idea, he aprendido a escribir, no a leer.

◆ 143 ◆

—Jaimito, ¿qué es peor: la ignorancia o el desinterés?
—Ni lo sé ni me importa.

◆ 144 ◆

Jaimito está haciendo los deberes con su hermanita:
—Jaimito, ¿qué está más cerca: la Luna o Córdoba?
—A ver, ¿acaso tú ves Córdoba desde aquí?

◆ 145 ◆

—Jaimito, ¿por qué cada vez que entro en tu cuarto te veo jugando en vez de haciendo los deberes?
—Pues porque llevas unas zapatillas que no hacen nada de ruido, papá.

◆ 146 ◆

—Jaimito, ¿para qué sirven las raíces cuadradas?
—¡Para hacer árboles cuadrados!

◈ 148 ◈

—A ver, si tengo quince manzanas en una mano y doce en la otra, ¿qué tengo, Jaimito?
—¿Las manos muy grandes?

◈ 149 ◈

Jaimito, al salir de un examen de Matemáticas, le pregunta a un compañero:
—¿A ti qué te dio el segundo problema?
—¿El segundo? Infinito.
—¿Solo?

◈ 150 ◈

—Jaimito, me han comentado que eres muy rápido en matemáticas. Dime, ¿cuánto es 40 × 17?
—47, profe.
—Pero… si ni te has acercado.
—Pero ¿a que he sido rápido?

◈ 151 ◈

—Dime cuánto es 3 × 3, Jaimito.
—Un empate, profe.
—No, Jaimito. A ver, algo más fácil: ¿2 × 1?
—¡Una oferta!

◈ 153 ◈

—Jaimito, ¿qué debemos hacer para repartir once patatas entre siete personas?
—¿Puré de patatas, seño?

◈ 154 ◈

¿Qué cinco libros te llevarías a una isla desierta, Jaimito?

¿¡Tengo que leer cinco libros!?

◈ 155 ◈

En clase, el profesor pregunta a los alumnos:
—¿Alguien no ha entendido algo?
Jaimito levanta la mano:
—Desde septiembre hasta ahora, ¡nada!

◈ 156 ◈

A Jaimito le preguntan en clase de Matemáticas:
—Si tienes veite euros en un bolsillo y cincuenta euros en el otro, ¿qué tienes?
—Los pantalones de otro, profe.

◈ 157 ◈

En clase de Jaimito, son bastante malos en matemáticas. Un día, el nuevo profesor hace una prueba y pregunta a varios:
—A ver, Pedrito, ¿cuánto es 4 × 4?
—¡Viernes!
—Ufff, a ver tú, Pablito, ¿4 × 4?
—300, profe.
—Madre mía… A ver, Jaimito, si tú eres capaz: ¿4 × 4?
—Dieciséis.
—¡Por fin! ¿Y cómo has llegado a ese resultado, Jaimito?
—Pues muy fácil: he dividido viernes entre 300.

◈ 158 ◈

—A ver, Jaimito. Un kilo de peras cuesta 1,20 euros y otro de manzanas, 1,60 euros. Si queremos comprar dos kilos de peras y uno de manzanas, ¿cuánto dinero nos vamos a gastar en total?
—48 euros.
—Jaimito, eso está mal.
—Es que la vida está muy cara, seño.

◈ 159 ◈

Jaimito les pregunta a sus padres:
—¿Me compraríais una bici si sacase un diez en el examen?
—Bueno, sí, podría ser.
—Pues ¡compradme un patinete, porque he sacado un cinco!

◈ 160 ◈

La profesora de Matemáticas está poniendo los deberes para el día siguiente:
—Haced los cuatro primeros problemas de la página 18, los tres primeros de la página 21, y la página 28 entera.
Y, entre los suspiros de los niños, se escucha la voz de Jaimito:
—¡Jo, pobre papá, no sabe la que le espera!

◈ 162 ◈

—A ver, Jaimito, ¿cuánto es 2 × 2?
—Pues como no me des más datos, seño...

◈ 163 ◈

—Jaimito, di una palabra larga.
—«Goma», seño.
—Jaimito, «goma» no es muy larga.
—Pero estírala, ya verás cómo se alaaaaaarga.

◈ 164 ◈

En clase de Matemáticas, la profesora pregunta a Jaimito:
—Si tienes una moneda y le pides otra a tu padre, ¿cuántas monedas tienes?
—Una.
—Jaimito, ¿qué pasa, no sabes sumar? Tendrías dos monedas.
—Que va, profe, usted no conoce a mi padre.

◈ 165 ◈

—Jaimito, te dije que copiaras el poema diez veces para que aprendas a escribir mejor y solo lo has copiado siete veces.
—Es que tampoco sé contar muy bien, seño.

◈ 166 ◈

En clase de Lengua, Jaimito pregunta al profesor:
—Profe, ¿«arriba» es un adverbio de tiempo?
—No.
—¿Y «ahora»?
—«Ahora» sí.
—¿Y antes no?
—No, «antes» también.
—Me estás liando, profe… Pero si me habías dicho que no…

◈ 167 ◈

—Jaimito, ¿cómo se llaman los habitantes de San Fernando?
—¿¡Todos!?

◈ 168 ◈

—¿Cuál es el futuro del verbo «bostezar», Jaimito?
—Dormir.

◈ 169 ◈

—Jaimito, ¿qué tiempo es «llovía»?
—Uno muy malo, seño.

◈ 170 ◈

En clase de Lengua, la maestra ha pedido que los alumnos escriban una redacción que acabe con la frase «Mamá solo hay una».
Un niño lee en voz alta:
—«Un día tuve fiebre y mi madre no se despegó de mi lado. Por eso digo que mamá solo hay una».
—Muy bien, Raúl. Ahora tú, Jaimito.
—«Un día vinieron mis tíos a casa y mi madre me mandó a por cervezas a la cocina. Miré en la nevera, volví y le dije: "Mamá, solo hay una"».

◈ 171 ◈

—A ver, Jaimito, si digo «yo robé» y eso es en pasado, ¿cuál sería el futuro?

—La cárcel, seño, la cárcel.

◈ 172 ◈

—Tienes que decir dos nombres que tengan tilde, Jaimito.

—Pues muy sencillo, profe, ¡Matilde y Clotilde!

◈ 173 ◈

—¿Qué hacía Robin Hood, Jaimito?
—Robar a los ricos.
—¿Y sabrías decirme por qué lo hacía?
—Porque a los pobres no podía robarles nada.

◈ 174 ◈

En clase de Lengua, el profesor ha pedido una redacción con el título «Lo que veo desde mi ventana». Al día siguiente, Jaimito le entrega una hoja en blanco.

Es que, profe, ¡mi ventana tenía la persiana bajada!

◆ 175 ◆

—Jaimito, ¿sabes qué tipo de letra es la A?
—Una vocal, profesora.
—Correcto, ¿y la K?
—Una consonante que está feo que se repita.

◆ 176 ◆

—A ver, Jaimito, ¿Antonio Machado murió en…?
—¿En… fermo?

◆ 177 ◆

—Jaimito, conjuga el presente de indicativo del verbo «Nadar».

Y él contesta, gritando:
—¡YO NADO, TÚ NADAS, ÉL NADA…!
—Por favor, Jaimito, más bajito.
—Yo buceo, tú buceas, él bucea…

◆ 178 ◆

En clase de Lengua, el profesor explica:
—La palabra «ávido» significa «ansioso», «codicioso»… Intenta usarla en una frase, Jaimito.
—He intentado hacer una frase con esa palabra, pero no ávido ocasión.

◆ 179 ◆

—Jaimito, me alegra ver que has mejorado tu caligrafía.
—Gracias, seño, pero ahora podrás ver lo mal que llevo la ortografía.

◆ 180 ◆

En clase de Lengua, Jaimito pregunta al profesor:
—Profe, ¿cómo se escribe «móvil»?
—Se escribe como suena.
—¿Y si está apagado?

◆ 181 ◆

—Jaimito, ¿cuál es la última letra del abecedario?
—La o.
—Es la zeta, Jaimito.
—No, seño, no… ¿Tú dices «abecedarioz»?

◆ 182 ◆

La profesora de Lengua pide a la clase:
—Analizad esta oración: «El sujeto se encuentra gravemente herido».
Jaimito la interrumpe:
—¿Pero el predicado está bien?

◈ 183 ◈

—Jaimito, dime dos pronombres.
—¿Quién, yo?
—¡Muy bien!

◈ 184 ◈

«Jaimito, dime el plural de «bicicleta».

¡Tándem!

◈ 185 ◈

—Tenemos la conjugación «yo peco, tú pecas, él peca, nosotros pecamos…». ¿Qué tiempo es, Jaimito?
—¿Tiempo de arrepentirse?

◈ 186 ◈

Jaimito, conjuga el verbo «caminar» en presente de indicativo:
—Yo camino… Tú caminas… Él camina…
—¡Jaimito, por favor, más rápido!
—¡Nosotros corremos, vosotros corréis, ellos corren!

◈ 187 ◈

La profesora le pregunta a Jaimito:
—A ver, dime una palabra con cinco íes.
—Ufff, ¡eso es dificilísimo!
—¡Muy bien, Jaimito!

◈ 188 ◈

El profesor escribe en la pizarra: «El hombre se enriqueció de la noche a la mañana».
—A ver, Jaimito, ¿dónde está el sujeto de esta oración?
—¡Seguramente en la cárcel, profe!

◈ 189 ◈

—Profesor, ¿«ayer» se escribe con hache?
—No, Jaimito.
—¿Y «hoy»?
—Sí, «hoy» sí.
—¿Y cómo puede cambiar tanto de un día para otro?

◈ 190 ◈

El profesor de Ciencias pregunta a Jaimito:

A ver, Jaimito, ¿cuánto pesa la tierra?

¿Con gente o sin gente?

◆ 191 ◆

—Jaimito, ¿sabes de dónde sale el azúcar?
—Del azucarero, seño.

◆ 192 ◆

—Jaimito, ¿qué planeta va después de Marte?
—Miércole.

◆ 193 ◆

—Dime el principio de Arquímedes, Jaimito.
—A, seño.

◆ 194 ◆

El profesor de Ciencias Naturales le pide a Jaimito:
—¿Puedes decirme tres miembros de la familia de los roedores?
—Hummm… Mamá roedora, papá roedor y tío roedor…

◆ 195 ◆

—A ver, Jaimito, ¿en qué consiste la ley de la gravedad?
—Pues no lo sé, seño, pero pregúntaselo a Luis, porque su padre es abogado y sabe mucho de leyes.

◈ 196 ◈

—Jaimito, dime cinco animales originarios de África.

—Tres leones y dos elefantes, seño.

◈ 197 ◈

—¿Qué día hace hoy, Jaimito?
—Ni idea, profe. ¡No veo nada con tanta niebla!

◆ 199 ◆

En clase de Ciencias Naturales, a Jaimito le preguntan:
—A ver, Jaimito, ¿qué mineral es este?
—Es una piedra.
Entonces los compañeros le susurran:
—Basalto, Jaimito, basalto...
Y Jaimito grita:
—¡¡¡ES UNA PIEEEDRAAAAAA!!!

◆ 200 ◆

—Jaimito, ¿qué es un terapeuta?
—¿1.024 gigapeutas?

◆ 201 ◆

—Jaimito, ¿tú qué crees que es mayor, la Luna o el Sol?
—La Luna, profesor, porque la dejan salir de noche.

◆ 202 ◆

—Jaimito, dime si es cierto que descendemos de los simios.
—Ufff, no sé, seño, mi padre nunca nos ha presentado a su familia.

◆ 203 ◆

En clase de Ciencias, el profesor pregunta:
—Jaimito, ¿qué me puedes decir de la gelatina?
—Pues no sé, profe, en Lengua nos han hablado de la «y» griega y de la «i» latina, pero no nos han dicho nada de la «g» latina.

◆ 204 ◆

—Jaimito, ¿qué es una leona?
—Un mamífero, profe.
—¿Y un león?
—¡Un papífero!

◆ 205 ◆

La profesora de Ciencias Naturales explica en clase:
—La Tierra gira alrededor del Sol…
Y Jaimito pregunta:
—¿Y qué hace entonces por la noche, se para?

◆ 206 ◆

En clase de Ciencias, la profesora pregunta:
—Dime, Jaimito, ¿qué animal se acerca más al ser humano?
—¡El mosquito, profe!

◈ 209 ◈

—Háblame de Mercurio, Jaimito.
—Bueno, pues…, esto… Mercurio era el dios de los termómetros…

◈ 210 ◈

—Jaimito, ¿podrías darme el nombre de tres cuadrúpedos?
—Claro, seño, una vaca, un caballo… ¡y dos gallinas!

◈ 211 ◈

—Jaimito, ¿qué le dice la vaca profesora a la vaca alumna?
—Muuuuuu buena respuesta.

◈ 212 ◈

—Jaimito, ¿qué me puedes decir acerca de la muerte de Julio César?
—Pues que lo siento muchísimo, seño.

◈ 213 ◈

—Jaimito, ¿qué sucedió en 1812?
—¿Cómo lo voy a saber? Yo no había nacido.

◈ 214 ◈

—Jaimito, dinos quién fue Juana de Arco.
—Una drogadicta, profe.
—¿De dónde has sacado eso?
—Del libro, mira: dice que murió por heroína.

◈ 215 ◈

Estando en clase, la profesora pregunta a Jaimito:

Jaimito, ¿por qué crees que Colón es famoso?

Por la memoria.

¿Por la memoria? ¿Por qué?

Porque en su monumento pone: «A la memoria de Colón».

◆ 216 ◆

En clase de Geografía, la profesora pregunta:
—Jaimito, ¿dónde se encuentra México?
—¡En la página 123!

◆ 217 ◆

Jaimito, ¿sabrías decirme dónde se firmó el tratado de paz entre Francia, Gran Bretaña, España y los Países Bajos de 1802?

En una hoja de papel, profe.

◈ 218 ◈

La profesora de Geografía le dice a Jaimito:
—A tu edad, yo me sabía todos los nombres de los países.
Y Jaimito le contesta:
—Claro, pero entonces solo existirían dos o tres países, seño.

◈ 219 ◈

El profesor de Geografía pregunta:
—¿Alguien sabe decirme qué río es más largo: el Mississippi o el Ebro?
Jaimito responde:
—Muy fácil: ¡el Mississippi! ¡Por siete letras!

◈ 220 ◈

La profesora pregunta a Jaimito en clase de Historia:
—Dime, Jaimito, ¿en qué se convirtió el príncipe Alfonso tras la muerte de su padre?
—¿En huérfano?

◈ 221 ◈

—Profe, ¿qué significa «nothing»?
—«Nada», Jaimito.
—Pero algo querrá decir...

◈ 222 ◈

Jaimito regresa del colegio a su casa y habla a sus padres del documental que han visto en clase de Inglés:
—Las casas en Inglaterra deben de tener cerraduras como las de los castillos, ¿no, mamá?
—¿Y eso?
—Fíjate cómo son las llaves inglesas.

◈ 223 ◈

En clase de Inglés, los alumnos tienen que hacer una frase usando los verbos «to be» y «to do»:
—¿Lorena?
—*To be is to do.*
—Muy bien. A ver, tú, Juan.
—*To do is to be.*
—*Very good,* Juan. ¿Jaimito?
—Do-be-do-be-dooo…

◈ 224 ◈

—¿Sabes inglés, Jaimito?
—*Yes, teacher.*
—Pues traduce, por favor, la frase «¡Me gusta ir al gimnasio para tonificarme».
—*I like gin-tonic!*

◆ 226 ◆

—Jaimito, ¿sabrías traducirme al inglés la frase «El gato cayó al agua y se ahogó»?

—Esa me la sé, *teacher*: «*The cat* glu-glu-glú *in the water and no more* miau miau miau».

◆ 227 ◆

En clase de Inglés:
—Jaimito, ¿cómo se dice «perro»?
—«Dog», teacher.
—¿Y «veterinario»?
—¡«Dog-tor»!

◆ 228 ◆

—¿Cuántas anclas tiene un barco, Jaimito?
—Once, profesora.
—¿Y por qué once?
—Porque siempre oigo que dicen «*eleven*» anclas.

◆ 229 ◆

—Jaimito, ¿cómo se dice en inglés «puerta»?
—«*Door*».
—¿Y la persona que vende puertas?
—¿Vende-*door*?

◆ 230 ◆

En clase de Inglés, Jaimito pregunta:
—Teacher, ¿qué quiere decir «*why*»?
—«Por qué».
—Por nada, por saberlo.

◆ 231 ◆

En clase de Inglés, la profesora pregunta:
—¿Quién sabe cómo se dice en inglés «memoria»?
—«*Memory*», *teacher*.
—Muy bien, Jaimito. Y, ahora, úsalo en una frase.
—Salté por la ventana y *memory*.

◆ 233 ◆

Jaimito está en clase de Inglés:
—Teacher, ¿qué significa «stronger»?
—«Más fuerte», Jaimito.
—¿QUE QUÉ SIGNIFICA «STRONGER»?
—¡Te dije que «más fuerte»!
—¡STROOONGEEEEER, STROOONGEEEEER!

◆ 234 ◆

—Jaimito, dime cinco cosas que puedan contener leche.
—Dos vacas y tres cabras.

◆ 235 ◆

—¿Con qué mató David a Goliat, Jaimito?
—Con una moto, seño.
—Será con una honda.
—Ah, bueno, no pensé que fuera necesario decir la marca.

◆ 236 ◆

—A ver, Jaimito, ¿cuál es la principal causa de muerte en el mundo?
—¿El nacimiento?

◆ 237 ◆

En clase de Dibujo, Jaimito está pintando toda su hoja de gris. La profesora lo regaña:
—Jaimito, os he dicho que pintéis vacas. ¿Dónde están las tuyas?
—Detrás de la niebla, seño.

◆ 238 ◆

—Jaimito, ¿tú crees que la tecnología reemplazará algún día al papel?
—No creo, profe, no me veo sonándome la nariz con el móvil.

◆ 239 ◆

—Jaimito, ponme un ejemplo de algo justo, pero incorrecto.
—A ver, profe, si me meto el dedo en la nariz, queda bastante justo, pero es muy incorrecto.

◆ 240 ◆

La profesora de Plástica felicita a Jaimito:
—Muy bien, Jaimito, muy bonito. Dinos cuál ha sido tu fuente de inspiración.
—La nariz.

241

En clase de Plástica, el profesor riñe a Jaimito:

Os dije que pintarais una vaca pastando en un prado y tú me has entregado una hoja en blanco.

Claro, profe, es que la vaca se comió todo el pasto y se tuvo que ir a otro prado.

242

—Jaimito, ¿a ti te gusta la pintura?
—Mucho, profe, pero más de una lata se me indigesta.

◆ 245 ◆

En clase de Educación Física, la profesora les dice a los niños:

—Haced el siguiente ejercicio: acostados de espaldas, tenéis que levantar las piernas y moverlas como si montarais en bicicleta.

Los niños se tumban y empiezan a mover sus piernas haciendo como que van en bicicleta. Solo Jaimito deja las piernas quietas.

—Jaimito, ¿por qué no mueves las piernas?

—¡Porque voy cuesta abajo, profe!

◆ 246 ◆

Jaimito está en clase y pregunta:

—Profe, ¿es verdad que los padres suelen saber más que los hijos?

—Sí, claro.

—¿Y por qué el submarino fue inventado por Isaac Peral, y no por su padre?

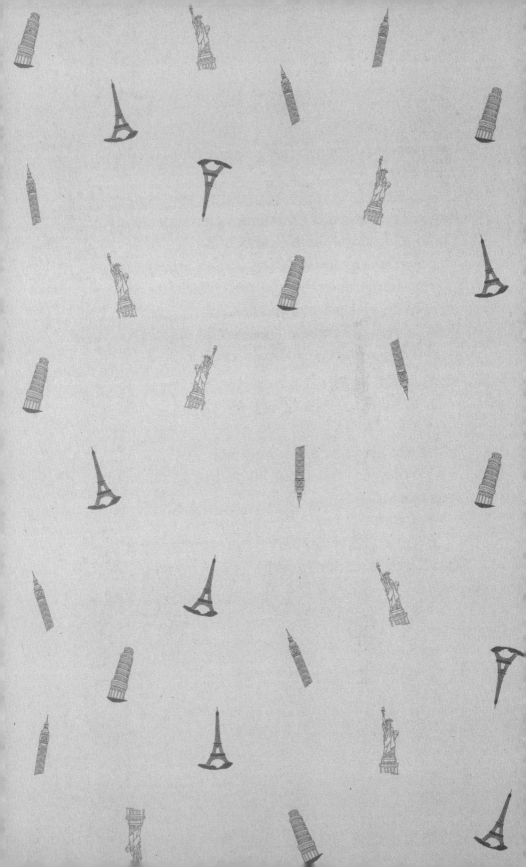

◈ 247 ◈

Jaimito está en un crucero y escucha a un marinero:
—Nosotros hacemos treinta nudos por hora.
Y Jaimito le pregunta:
—¿Y cuánto tardan ustedes en deshacerlos?

◈ 248 ◈

Jaimito va con sus padres en coche y se empieza a marear, tanto que ve lucecitas:
—Mamá, mamá, veo lucecitas, ¿estaré poseído?
—Querrás decir «poseso».
—*Pos eso, pos eso*…

◈ 249 ◈

—Jaimito, ¿qué harías si te estuvieras ahogando en alta mar?
—¡Llorar para desahogarme!

◈ 250 ◈

Jaimito está de excursión con su clase y pregunta al monitor:
—Oye, ¿cómo se llama esa montaña?
—¿Cuál?
—¿Y la otra?

◆ 252 ◆

Jaimito está en un avión y una azafata le da un chicle:

—Es para evitar problemas en los oídos a causa de la presión.

Al llegar al destino, Jaimito le dice:

—Y ahora ¿cómo me quito los chicles de los oídos?

◆ 253 ◆

Jaimito está paseando por el puerto de una ciudad costera. Entonces, ve cómo un turista extranjero se cae al agua y empieza a gritar:

—*Help! Help! Help!*

Jaimito le responde:

—Gel no tengo, ¿te sirve champú?

◆ 254 ◆

Durante una excursión, el profesor les está enseñando a sus alumnos los puntos cardinales:

—Chicos, delante de vosotros está el oeste, a vuestra derecha está el norte y a vuestra izquierda está el sur; entonces, ¿que tenéis a la espalda?

Y Jaimito responde rápido:

—¡La mochila!

255

—Por favor, azafato, ¿me podría traer un refresco?
—Lo siento, chaval, vamos a tomar tierra.
—Los demás que tomen tierra si quieren; yo prefiero un refresco.

256

Jaimito está con su familia en el monte:
—¡Papá, me ha picado una serpiente!
—¿Cobra?
—¡No, gratis!

◆ 258 ◆

En un crucero, Jaimito pregunta:
—Oiga, ¿puedo desembarcar por la izquierda?
—Se dice «por babor».
—Por babor, ¿puedo desembarcar por la izquierda?

◆ 259 ◆

A la vuelta de las vacaciones, Jaimito se encuentra con su amigo Pablo, y este le pregunta:
—¿Dónde habéis ido de vacaciones?
—A Francia.
—Si tú no hablas francés.
—Pero es bastante parecido al castellano. Por ejemplo, si quería un zumo de naranja, pedía *un jus d'orange*… Solo tuve un problema un día, porque no sabía cómo se dice *croissant* en francés.

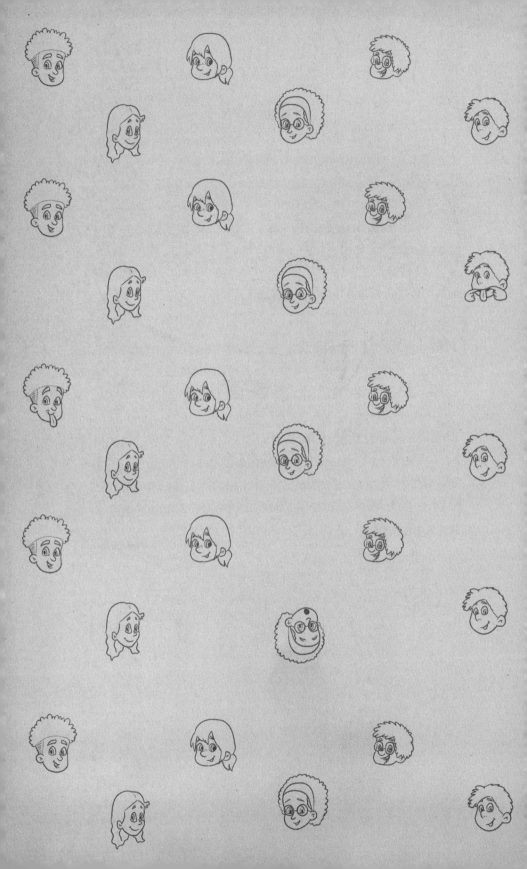

◈ 260 ◈

—Mamá, en el cole me llaman «interesado».
—¿Quién te llama eso, hijo?
—Por cinco euros, te lo cuento.

◈ 261 ◈

Jaimito sale de un examen con su compañero Juanito:
—¿Cómo te ha ido, Jaimito?
—Fatal, lo he dejado en blanco.
—Jo, yo también lo he dejado en blanco.
—¡Oh, no, la profesora va a pensar que nos hemos copiado!

◈ 262 ◈

—Mamá, en el cole me llaman «enchufado».
—¿Y tú qué haces, Jaimito?
—¡Les sigo la corriente!

◈ 263 ◈

—Oye, Jaimito, ¿tú por qué eres tan tranquilo?
—Porque nunca discuto.
—¡No será por eso!
—Bueno, vale, pues no será por eso.

◈ 264 ◈

—Papá, papá, en el cole me llaman Superman.

—¡Jaimito! ¡¿te has puesto el calzoncillo por encima del pantalón otra vez?!

◈ 265 ◈

Los amigos le preguntan a Jaimito:
—Oye, Jaimito, ¿qué te gustaría que dijeran de ti cuando te mueras?
—¡Se mueve!

266

—Mamá, mamá, en el cole me llaman «detective».

—¿Y tú qué les dices, Jaimito?

—Silencio, aquí las preguntas las hago yo.

◈ 267 ◈

—Papá, en clase me llaman «cotilla».
—¿Quién te llama eso?
—Lucía, la de la mamá que está embarazada del cartero que vive en el tercero, el que antes salía con la florista de la plaza, donde vimos aquel día a la del quinto que...

◈ 268 ◈

Al entrar al colegio, los amigos de Jaimito se sorprenden:
—Jaimito, ¡tienes un zapato negro y otro marrón!
—Y eso no es nada: en casa tengo otro par exactamente igual.

◈ 269 ◈

Está Jaimito con un amigo y le dice:
—¿Quieres que te cuente el chiste al revés?
—Claro.
—Pues, venga, ¡empieza a reírte!

◈ 270 ◈

—¿Cuánto llevas ahorrado ya, Jaimito?
—Cero mil cerocientos cero.

◆ 271 ◆

—Mamá, los profes me dicen que siempre estoy distraído.
—Jaimito, tú vives en la casa de enfrente.

◆ 272 ◆

Está Jaimito con su amiga Elena, y le dice:
—Yo antes era muy indeciso.
—¿Y ahora?
—Ahora no estoy muy seguro.

◆ 273 ◆

El profesor está explicando en clase:
—Un amigo verdadero es un auténtico tesoro. A ver, Jaimito, ¿qué harías tú si encontraras un amigo verdadero?
—Pues venderlo.

◆ 274 ◆

Jaimito está en su casa, con una pierna escayolada, y cuando su amigo Luis va a visitarlo, le da un consejo:
—Hay que respetar la ley, Luis. Yo desobedecí la ley de la gravedad y mira...

◈ 275 ◈

—Juanito, ¿qué pide un esqueleto al entrar en un bar?
—Ni idea, Jaimito.
—¡Una naranjada y una fregona!

◈ 276 ◈

Jaimito habla con su amigo Alejandro:
—Me da miedo el deporte ese de las espadas…
—¿Esgrima?
—No, no es grima, es más bien miedo.

◈ 278 ◈

—Mamá, papá, esta mañana en el colegio me han llamado mentiroso.
—Jaimito, esta mañana no has ido al colegio. Es domingo.

◈ 279 ◈

Jaimito está con un amigo, que le dice:
—¿Sabes qué? Mi hermano va en bicicleta desde los cuatro años.
—¡Pues ahora ya tiene que estar lejísimos!

◈ 280 ◈

—Jaimito, ¿cómo se llama el primo vegetariano de Bruce Lee?
—Broco Lee.

◈ 281 ◈

Jaimito va en un autocar escolar y el compañero de al lado le dice:
—Me siento solo.
Y Jaimito le contesta:
—Y yo también me siento solo, eh, sentarse es bien fácil.

◆ 282 ◆

En el recreo, Jaimito y varios de sus compañeros discuten sobre por qué los buzos se tiran al agua de espaldas:

—Se tiran así porque, de frente, el impacto con el agua les rompería las gafas.

—Que va, tío, se tiran de espaldas por el peso de las bombonas.

—Que no, que no, que es por el principio de Arquímedes, que también era buzo…

Y Jaimito remata:

—Hacedme caso, chicos; se tiran de espaldas porque, si se tiraran de frente, caerían dentro del barco.

◆ 283 ◆

—Jaimito, ¿a ti de pequeño se te escapaba la caca?

—No, siempre se quedaba donde yo la dejaba.

◆ 284 ◆

—Jaimito, ¿me prestas 30 euros?

—Lo siento, Arturo, no llevo nada de dinero encima.

—¿Y en casa?

—Todo muy bien, ¿y en la tuya?

◈ 286 ◈

¿Nos conocemos? Creo que he visto tu cara en otra parte.

¡Imposible! Yo siempre he tenido la cara en el mismo sitio.

◈ 287 ◈

—Jaimito, ¿dónde cuelga Superman su supercapa?
—¡En superchero!

◈ 288 ◈

Jaimito y su amiga Laura van de paseo cuando de repente se cruzan con un perro ladrando furioso. Jaimito dice:
—Laura, vámonos de aquí rápido.
—Jaimito, tranquilo. Ya dice el refrán que perro ladrador, poco mordedor.
—¿Pero el perro también conocerá el refrán?

◈ 289 ◈

Jaimito le cuenta a su amigo Juan:
—Mi tío Luis ha estado en una clínica para dejar de fumar.
—¿Y lo ha dejado?
—No, pero ahora fuma sin ganas.

◈ 290 ◈

—Hola, Blanca.
—Jaimito, soy Rosa.
—Perdóname, es que soy daltónico.

◈ 291 ◈

—Jaimito, ¿cuál es tu opinión sobre este tema?
—Dime primero la tuya, que no me apetece discutir.

◆ 292 ◆

La profesora, enfadada, pregunta:
—Jaimito, ¿has copiado a Pedro en el examen?
Con cara de inocente, Jaimito responde:
—No, seño, prometo que no.
—Entonces ¿por qué en la respuesta de la pregunta 3, donde Pedro ha puesto «no lo sé», tú has escrito «yo tampoco»?

◆ 293 ◆

Jaimito está en el cumpleaños de un amigo y les dice a todos:
—¡Os apuesto un euro a que salgo de la habitación y, cuando vuelva, os veo a todos en calzoncillos!
Incrédulos, todos sus amigos ponen su euro en la mesa. Luego, Jaimito sale y, un rato después, vuelve a entrar vistiendo solo su calzoncillo.
—¡Gané! Os veo a todos… en calzoncillos.

◆ 294 ◆

Jaimito le cuenta a su amigo Leo:
—¿Sabes? Mi abuelo ha comprado una paloma y le ha costado diez mil euros.
—¿Mensajera?
—No, no te exagero nada.

◈ 296 ◈

—Jaimito, ¿has visto el apagón?
—No, no he visto nada. Estaba todo oscuro.

◈ 297 ◈

—Mi tía me ha regalado un diccionario de sinónimos.
—¿Y qué tal, es bueno?
—Bueno, bondadoso, conveniente, oportuno, adecuado, provechoso, beneficioso, magnífico...

◈ 298 ◈

Está Jaimito con su amigo Luis y le dice:
—¿Sabes? Tengo muy poca memoria.
—¿Qué dices?
—¿Qué digo de qué?

◈ 299 ◈

—Jaimito, ¿tú sabes qué se ve desde la torre más alta de Toronto?
—¿Torontontero?

◈ 300 ◈

Jaimito le cuenta a su amiga Jimena:
—Mi hermana tiene un gusano en la tripa.
—¿La solitaria?
—No, la mayor.

◈ 301 ◈

Jaimito está con su amigo Juan y ven pasar un coche a toda velocidad, tan rápido que casi atropella a un perro. Juan dice:
—Puf, Jaimito, imagínate que llega a ser un peatón…
—Sí… o una persona.

◈ 302 ◈

Jaimito se encuentra con un amigo al que hace mucho que no ve. Tras un rato poniéndose al día, el amigo le dice:
—Oye, Jaimito, ¿tienes WhatsApp?
—Sí, claro.
—¿Me lo dices?
—¡Tengo WhatsApp!

◈ 303 ◈

Jaimito está con un amigo y dice:
—Adrián, te noto diferente.
—Es que soy Diego.
—Ah, pues debe de ser eso.

◈ 304 ◈

Jaimito le dice a su madre:
—Mamá, voy a salir.
—¿Con este frío?
—No, con Pedro.

◈ 305 ◈

—Jaimito, ¡te vendo un reloj!
—¿Y para qué quiero yo un reloj vendado?

◈ 306 ◈

Jaimito le dice a su amiga María:
—¿Cómo se llama un bumerán que no vuelve?
—Ni idea.
—¡Palo!

◈ 307 ◈

Juan, ayer estuve mirando el reloj fijamente durante dos minutos y ¿sabes qué pasó?

¿Qué pasó, Jaimito?

Dos minutos.

◆ 309 ◆

Jaimito se encuentra con un amigo, que le dice:
—Vaya, Jaimito, ¿reloj nuevo?
—Sí, sí.
—¿Qué marca?
—La hora, ¿qué va a marcar?

◆ 310 ◆

Jaimito les cuenta a unos amigos:
—Había una vez un niño tan tan tan despistado que... Da igual, se me ha olvidado el resto del chiste.

◆ 311 ◆

Jaimito pasea por el parque con un amigo:
—Dime con quién andas y te diré quién eres.
—¿Con quién andas?
—¿Quién eres?

◆ 312 ◆

—Jaimito, ¿qué dirías si supieras que mañana te vas a morir?
—¿Me prestas mil euros, que mañana te los devuelvo?

◆ 313 ◆

Jaimito está con su amiga Sofía, y esta le cuenta:
—Mi hermana está hecha un lío, no sabe si estudiar baile o canto.
—Yo le aconsejaría que estudiara baile.
—¿La has visto bailar?
—No, la he escuchado cantar.

◆ 314 ◆

Jaimito llega corriendo a casa de su amigo Luis:
—Perdona que llegue tan tarde. Es que estaba en el centro comercial y se ha ido la luz.
—¿Y te ha pillado en el ascensor?
—No, en las escaleras mecánicas.

◆ 315 ◆

—Jaimito, ya no quiero ser tu amigo, por tacaño.
—Eso que me ahorro.

◆ 316 ◆

Jaimito le pide a su amigo Pedro:
—Pedro, échate para allá, que no cabo.
—Se dice «quepo».
—Da igual, al fin y al quepo, me has entendido.

◈ 318 ◈

—Jaimito, a ti te llaman «desconfiado», ¿verdad?
—¿Por qué lo dices? ¿Quién lo ha dicho?

◈ 319 ◈

Yo antes era vanidoso e insoportable.

¿Y ahora no?

No, ahora soy perfecto.

◆ 320 ◆

Está Jaimito con su amigo Adrián, que le está contando cuánto le dan de paga. Así que Jaimito le dice:
—El dinero no lo es todo en esta vida, Adrián: también los cheques dan la felicidad.

◆ 321 ◆

Está Jaimito con su amigo Germán y le dice:
—¿Sabes? Estoy la mar de contento por no haber nacido en Alemania.
—¿Y eso, por qué?
—¡Porque no entiendo ni una palabra de alemán!

◆ 322 ◆

Jaimito está con su amigo Fran y este le comenta:
—Me he enterado de que te han regalado un abrigo, ¿de qué color es?
—¡¡¡GRIIISSSSSS!!!
—No me chilles, Jaimito.
—No te chillo, Fran, es que es «gris fuerte».

◆ 323 ◆

—Anda, Jaimito, veo que te has comprado un bumerán nuevo. ¿Qué has hecho con el viejo?
—Pues lo he tirado… y lo he vuelto a tirar… y lo he vuelto a tirar…

◆ 324 ◆

—Jaimito, ahora que ya has aprendido a montar en bici, dime: ¿qué ha sido lo más duro?
—¡El suelo!

◆ 325 ◆

Jaimito entra en una tienda de material deportivo:
—¿Tiene usted pelotas para jugar al tenis?
—Sí, claro —contesta la dependienta.
—Pues la espero mañana a las diez en la cancha.

◆ 326 ◆

Después de jugar un partido de fútbol, Jaimito llega a casa y les dice a sus padres:
—Papá, mamá, ¡hoy he jugado el mejor partido de mi vida! ¡He metido tres goles!
—¡Muy bien, hijo! ¿Cómo habéis quedado?
—Hemos perdido 2-1.

◈ 327 ◈

—Jaimito, ¿cuál es el masculino de «oca»?

—¡Parchís!

◈ 328 ◈

Jaimito entra en la droguería y pregunta:
—¿Tienen champú anti-caída?
—Pero... ¿para ti?
—No, para mis abuelos, que se caen mucho en la ducha.

◆ 330 ◆

Le dice la doctora a Jaimito:
—Parece que tu tos está mejor.
—Sí, es que he estado toda la noche practicando.

◆ 331 ◆

Jaimito está viendo la tele con su abuela, que es miope perdida. Entonces, ella le dice:
—Ay, Jaimito, en mi época los pitufos eran más bajitos…
—Abuelita, ¡que estamos viendo *Avatar*!

◆ 332 ◆

Jaimito le comenta a su amigo Juan:
—Juan, estoy muy contento: he acabado un puzle en solo seis meses.
—Pero, Jaimito, ¡si eso es mucho tiempo!
—¡Qué va! En la caja ponía «de 2 a 4 años»…

◆ 333 ◆

Jaimito pregunta a su primo Álvaro:
—¿Has entrado alguna vez en el laberinto?
—No, Jaimito, no.
—¡Pues no sabes lo que te pierdes!

◆ 334 ◆

La doctora le dice a Jaimito:
—Jaimito, ¿cómo te encuentras por las mañanas?
—Pues, simplemente, aparto la manta y ahí estoy.

◆ 335 ◆

—Mamá, el doctor del cole me ha aconsejado que no juegue al baloncesto.
—¿Por qué, estás enfermo?
—No, por lo mal que juego.

◆ 336 ◆

El profesor de piano le dice a Jaimito:
—¿No te da vergüenza tocar el piano con las manos tan sucias?
—No se preocupe, profe, que toco solo las teclas negras…

◆ 337 ◆

Jaimito es testigo de un robo y una policía lo interroga:
—Jaimito, cuando llegaste al lugar de los hechos, ¿el ladrón ya había doblado la esquina?
—No, la esquina ya estaba doblada, señora policía.

◈ **338** ◈

—Jaimito, ¿te gusta el rock progresivo?
—Cada día un poco más.

◈ **339** ◈

◆ 341 ◆

En la zapatería, el dependiente pregunta a Jaimito:
—¿Qué número tienes de pie?
—¡El mismo que sentado!

◆ 342 ◆

Jaimito le cuenta a su amigo Felipe:
—Tengo un vecino que está loco. ¡No va y se pone a aporrear la puerta a la una de la madrugada! ¡Por poco se me cae la trompeta del susto!

◆ 343 ◆

—El otro día fuimos al cine yo y Juanjo.
—Será Juanjo y yo, ¿no?
—¿Qué dices? ¡Pero si tú no estabas!

◆ 344 ◆

Jaimito entra en la biblioteca de su barrio y pregunta:
—¿Me puede decir la contraseña de la wifi, por favor?
La bibliotecaria le susurra:
—Tienes que hablar más bajo…
—¿Todo junto?

◆ 345 ◆

Jaimito va a la óptica:
—Hola, quería unas gafas.
—¿Para ver de cerca o de lejos?
—Para ver por aquí, por el barrio...

◆ 346 ◆

Entra Jaimito en una tienda y dice:
—Buenas, ¿tienen champú?
—Claro, ¿para cabello graso o cabello seco?
—¿Para cabello sucio no lo tiene?

◆ 347 ◆

Jaimito está paseando cuando un desconocido le pregunta:
—Oye, chaval, ¿la calle Saboya?
—Hombre, si salta usted muy fuerte, seguro que «s´abolla...».

◆ 348 ◆

Jaimito está en el dentista:
—¿Es verdad que aquí sacáis las muelas gratis?
—Sí, la primera vez, sí.
—¿Qué, que nadie vuelve, verdad?

◆ 350 ◆

Un día, Jaimito ve que el vecino ha puesto un cartel en su puerta: «Se vende saxofón».
Así que él responde y escribe: «¡Por fin!».

◆ 351 ◆

— Doctor, me duele mucho. Si me toco la nariz con el dedo, me duele; si me toco el brazo, me duele; si me toco la rodilla, también... ¿Qué tengo?
— Tienes ese dedo roto, Jaimito.

◆ 352 ◆

Jaimito sube con su madre a un autobús y pregunta:
— ¿Cuánto cuesta el autobús?
— Un euro con treinta céntimos.
— Pues entonces que se bajen todos, que lo compro.

◆ 353 ◆

— Jaimito, ¿a ti te gusta la música clásica?
— Por supuesto.
— ¿De Verdi?
— Te lo prometi.

◆ 354 ◆

— Jaimito, ¿por qué vas con traje y corbata al oculista?
— Porque voy a la graduación de mis gafas.

◆ 355 ◆

Jaimito coge un insecto y se pasa un buen rato mirándolo. Al final, le oyen decir:

—… 91, 92, 93, 94, 95, 96, 97, 98, 99… ¡¡¡Ostras, si es un ciempiés!!!

◆ 356 ◆

—Jaimito, ¿por qué estás tirando sal por la calle?
—Para espantar a los jabalíes.
—¡Pero si aquí no hay ni un jabalí!
—¿Ves? ¡Funciona!

◆ 357 ◆

Está Jaimito con su hermana y le dice:
—¿Sabes por qué los peces están siempre callados?
—¿Por qué, Jaimito?
—Porque no se puede hablar con la boca llena… de agua.

◆ 358 ◆

—Jaimito, ¿qué haces dándoles chocolate a las gallinas?
—¡Es un experimento para ver si ponen huevos de Pascua!

◆ 359 ◆

—Jaimito, ¿en qué se diferencian un perro y una pulga?

—Pues en que el perro puede tener pulgas, pero la pulga no puede tener perros.

◆ 360 ◆

Jaimito se encuentra con su amigo Pepito y le dice:

—Mi papá me ha comprado un perro, ¡un perro que sabe leer!

Sorprendido, el amigo responde:

—¡Hala, enséñamelo!

Así que los dos van a casa de Jaimito, y este pone a su perro delante del periódico. Minutos después, Pepito le pregunta al perro:

—Pero... ¿Qué pone?

Y Jaimito responde:

—Te he dicho que mi perro sabe leer, no hablar.

◆ 362 ◆

Jaimito y su primo Miguelito miran un huevo. Comenta Miguelito:
—¿Cómo hará el pollito para salir?
Y Jaimito responde:
—¡Yo me pregunto cómo hace para entrar!

◆ 363 ◆

Jaimito está hablando con su amigo Juan, que le pregunta:
—Los leones que comen acelgas en vez de gacelas, ¿qué son?
—Pues vegetarianos… o disléxicos.

◆ 364 ◆

—Jaimito, ¿le has cambiado el agua al pez?
—No, papá, es que aún no se ha acabado la de ayer.

◆ 365 ◆

—Mamá, el perro tiene fiebre, hay que darle kétchup.
—¿Kétchup? ¿Y eso por qué, Jaimito?
—Porque es lo mejor para echar a los perritos calientes.

◆ Índice ◆

EN FAMILIA 5

LAS COSAS DEL COMER 37

EN EL COLE 47

DE VIAJE 101

ENTRE AMIGOS 109

AFICIONES Y PERIPECIAS 135

ENTRE ANIMALES 149